Flow finden für Einsteiger

Wie Sie den Flow-Zustand leicht erreichen und mit ungeahnter Produktivität schneller arbeiten, sich besser konzentrieren und zufriedener sind

Katharina Neuberg

Alle Ratschläge in diesem Buch wurden sorgfältig erwogen und geprüft. Eine Garantie kann dennoch nicht übernommen werden. Eine Haftung des Autors beziehungsweise des Verlags für jegliche Personen-, Sach- und Vermögensschäden ist daher ausgeschlossen.

INHALT

Das erwartet Sie in diesem Buch

Sind Sie es auch leid, jeden Tag den Weg zur Arbeit anzutreten, nur, um zu versuchen, die Zeit schnell vergehen zu lassen? Jeden Tag all Ihre Kraft und Energie in Ihre Tätigkeit zu stecken, einfach zu hoffen, bald nach Hause gehen zu können? Jeden Abend bereits motivationslos dem nächsten Tag entgegenzusehen? So geht es einem Großteil der Menschen, sogar denen, die sich eigentlich bei ihrer Jobauswahl darauf fokussiert haben, etwas zu finden, das ihren Interessen entspricht. Das kann das Leben natürlich sehr schwer machen, schließlich ist Arbeiten eine Tätigkeit, mit der wir fast unser ganzes Leben verbringen, da sie unser finanzielles Überleben sichert. Wenn Sie sich in diesem Leiden befinden, das aussichtslos scheint, haben Sie sich für das richtige Buch entschieden.

Sie erfahren hier nämlich nicht nur, was genau der ständige Stress, die Sorgen und die Motivationslosigkeit mit Ihnen und Ihrer Gesundheit anstellen, sondern auch, was Sie dagegen tun können. Denn ja, es ist möglich, ohne diese Trägheit zu arbeiten. Es ist sogar möglich, sich bei der Arbeit mehr zu entspannen als in der Freizeit. Hierbei vergeht nicht nur die Zeit schnell, man genießt sie sogar. Dazu müssen Sie es nur schaffen, im Flow zu arbeiten.

Das Flow-Erlebnis

WAS BEDEUTET „FLOW"?

Zunächst einmal kommt der Begriff „Flow" aus der englischen Sprache und bedeutet übersetzt „Fluss, Durchfluss". Im Zusammenhang mit Arbeit scheint dies eventuell zunächst nicht viel Sinn zu ergeben, jedoch kann man es so beschreiben, dass die Arbeit und Mühe sozusagen aus der Person hinausfließen. Da etwas, das fließt, automatisch zustande kommt, ist es nicht notwendig, hier große Anstrengungen aufzubringen. Der Name Flow sagt somit also bereits aus, dass man die Arbeit hier gern und entspannt macht, statt sie als eine Anstrengung und oder Last anzusehen. In der Psychologie ist der Begriff „Flow" fachlich anerkannt, was durch den Psychologen Mihaly Csikszentmihalyi zustande gekommen ist.

WER IST MIHALY CSIKSZENTMIHALYI?

Mihaly Csikszentmihalyi war der Entdecker des Flows. Er hat ihn nicht nur als Erster beobachten können, sondern war auch in der Lage, seine Charakteristika herauszustellen und zu erläutern, was notwendig ist, um in diesen Flow zu kommen, wie zum Beispiel bei der Arbeit.

Er wurde am 29. September 1934 in Italien geboren, verweilte dort jedoch nicht lange, da er im Laufe seiner Entdeckungen in die USA ausgewandert ist. Die Zuverlässigkeit seiner Forschungen lassen sich daran zeigen, dass er nicht nur in Italien an Universitäten tätig gewesen ist, sondern auch in Finnland, Kanada und Brasilien. Zudem ist er nicht nur Direktor des „Quality of Life Center" gewesen, sondern auch Professor an der „Claremont Graduate University" in Kalifornien.

Csikszentmihalyi selbst hat sehr viel in seinem Leben mitmachen müssen, was vermutlich einer der Gründe dafür gewesen ist, dass er sich auf die Suche nach Glück begeben hat. Wie bereits an seinem Geburtsjahr erkennbar ist, hat er den Zweiten Weltkrieg in sehr jungen Jahren miterleben müssen. Hierbei hat er nicht nur am eigenen Leib die schwer vorstellbaren

Grauen des Krieges miterleben müssen, sondern war auch Zeuge davon, was Schmerz und Leid mit anderen, einschließlich seiner eigenen Familie, anstellen können. Und trotzdem hat ein Mensch, voller Traumata und Wunden, das Geheimnis der Zufriedenheit gefunden. Vermutlich ist auch kein anderer besser dazu in der Lage, schließlich schätzen meistens die Menschen, die viel durchgemacht haben, das Positive im Leben am meisten.

Der Erfinder des Flows hat sich also die Frage gestellt, wie man glücklich werden kann, wobei es keine Rolle spielt, wer man ist und was einen geprägt hat. Sein erster Ansatz befand sich hierbei in den Bereichen der Kunst, Religion und Philosophie. Dies ist dadurch begründet, dass viele Menschen sich in ihrer Kunst oder im Werk ihres Lebens verloren haben, sie sogar als Sinn ihres Lebens angesehen haben. Auch das ist Teil des Flows.

Andere wiederum haben ihr Glück darin gefunden, an eine höhere Macht zu glauben oder sich mit dem Sinn des Lebens selbst zu beschäftigen, aber Csikszentmihalyi ist aufgefallen, dass dies nicht an der Thematik, sondern der Vorgehensweise liegt. Auf den Bereich der Psychologie stieß er in der Schweiz, als er eine Vorlesung von Carl Jung über die posttraumatischen Belastungsstörungen der Europäer nach dem Zweiten Weltkrieg besucht hat. Jung hat ihn so fasziniert, dass er begonnen hat, sich sowohl mit dessen als auch Freuds Werken zu beschäftigen, was ihn schließlich dazu gebracht hat, mit 22 nach Chicago auszuwandern. Hier machte er seinen Bachelor of Arts und seinen Doktor der Philosophie.

In den 70ern entdeckte Mihaly Csikszentmihalyi den Flow und entwickelte seine berühmte Flow-Theorie. Dies hat er getan, indem er verschiedene Alters- sowie Berufsgruppen befragt hat, wie diese Glück empfinden und wann sie dies tun.

Sein Fokus hat zunächst vor allem auf Leistungssportlern gelegen, da sie trotz ihrer Misserfolge und dem ständigen Leistungsdruck zufrieden mit ihrem Leben zu sein scheinen. Mit der Zeit hat er seine Umfragen ausgebreitet, immer mehr verschiedene Aktivitäten und Personen einbezogen.

Trotz der Unterschiedlichkeit innerhalb der Teilnehmer hat er Parallelen vorgefunden, die nicht unbedingt von den Individuen selbst abhängig waren, sondern eher von den subjektiven Wahrnehmungen der Tätigkeiten. Wie viele andere ist der Entdecker des Flows auf die Erkenntnis gestoßen, dass Glück nicht von äußeren Einflüssen abhängig ist, sondern von innen kommt. Man kann es nicht durch Materialistisches oder das Verlassen auf andere Personen erlangen, sondern muss es sich selbst verschaffen, und zwar mental sowie emotional.

Auch, wenn man in der Lage hierzu ist, ist die Fähigkeit, glücklich zu sein, nicht etwas, dass man dauerhaft festhalten kann, da man immer und immer wieder von Schicksalsschlägen getroffen werden kann oder auch einmal einen schlechten Tag erleidet. Dennoch ist man bis zu einem gewissen Grad selbst dafür verantwortlich, sein Glück zu beeinflussen. Man kann bestimmen, wie schlecht es einem an schlechten Tagen geht, und wie schnell man wieder auf die Beine kommt. Aber wie genau macht man dies nun?

WAS DEN FLOW AUSMACHT

Die Merkmale des Flows lassen sich klar und eindeutig durch acht verschiedene Charakteristika beschreiben. Diese werden in zwei Kategorien unterteilt. Die ersten drei Punkte geben die Voraussetzungen an, die notwendig sind, um den Flow zu erleben. Die weiteren hingegen sind eine Beschreibung davon, wie man den Flow erlebt, denn auch, wenn dieses Erleben subjektiv und individuell vorkommt, gibt es dennoch übereinstimmende Gefühle oder auch Empfindungen gegenüber der Tätigkeit. Die acht Charakteristika des Flows sind folgende:

1. Man benötigt ein Ziel, das man verfolgt, und benötigt während der Ausführung der Tätigkeit direktes Feedback.

Ein Beispiel hierfür ist ein Basketballspiel. Innerhalb des Spiels möchte man einen Korb erzielen, da dies das Gewinnen des Spiels nach sich zieht. Die Tätigkeit selbst besteht aus dem Wurf. Während der Ausführung bekommt man ein direktes Feedback, da das Treffen oder auch das Verfehlen des Korbes den Erfolg der Tätigkeit anzeigt.

2. Man muss in der Lage sein, ein gewisses Interesse sowie Konzentration für das Thema der Tätigkeit aufbringen können.

Auch dieser Punkt lässt sich auf das zuvor genannte Beispiel beziehen, denn Leistungssportler zu werden, erfordert ein hohes Interesse sowie Potenzial, da jemand, der für dieses Gebiet keine wirkliche Leidenschaft aufbringen kann, niemals den riskanten Schluss fassen würde, sein Geld mit Sport zu verdienen.

3. Die Schwierigkeit und Anforderungen der Aktivität müssen an die Leistung der tätigen Person angepasst sein.

Dieser Punkt ist einer der wichtigsten, um in der Lage zu sein, das Erlebnis des Flows empfinden zu können. Ist der Schwierigkeitsgrad nämlich zu niedrig, kommt es zu einer Unterforderung. Wenn jemand, der Mathematik im Abitur schreibt, Aufgaben aus der Grundschule bearbeitet, entspricht dies nicht seinem Lernstand.

Dadurch entsteht Langeweile und die Bearbeitung der Aufgaben wird als störend empfunden. Andersherum ist ein Grundschüler von Aufgaben, die nicht seiner Stufe entsprechen, überfordert. Er würde vermutlich zunächst versuchen, die Aufgaben zu bearbeiten, jedoch scheitern, da dies sein Niveau überschreitet. Es würde somit zur Verzweiflung und letztendlich zum Aufgeben führen, wodurch das Interesse an der Mathematik vollständig verloren gehen könnte.

Gibt man diesem Schüler jedoch Matheaufgaben, die seiner Schullaufbahn entsprechen, ist er in der Lage, diese zu bearbeiten, muss jedoch Konzentration hierfür aufbringen und über die Lösungswege nachdenken. Es kommt zu keiner Unter- oder Überforderung, sondern zur Nähe des Flows.

4. Man hat das Gefühl, Kontrolle über die Situation zu haben.

Dieses Charakteristikum ist das erste, was sich um das Erleben des Flows dreht. Viele beschreiben, dass sie durch die zuvor genannten Punkte – dass man etwas tut, was man gern macht und wobei man auf Augenhöhe mit der Aktivität ist – ein Gefühl von Kontrolle während des Flows besitzen. Dadurch geraten die Individuen auch nicht in Panik oder eine Spirale aus negativen Emotionen, da sie nichts aus dem Konzept bringen und nichts den Erfolg verhindern kann, da dieser nur von dem Tätigen selbst abhängig ist.

5. Es darf kein hoher Energieaufwand mit der Tätigkeit verbunden sein.

Dies mag zunächst skurril klingen, wenn man das Basketball-Beispiel bedenkt, jedoch ist hiermit nicht unbedingt die körperliche Aktivität gemeint. Es geht vielmehr darum, ob die Aktivität für einen subjektiv etwas Aufwendiges darstellt, oder etwas, das einem leicht fällt. Beherrscht und genießt man das Basketballspielen, wird dies psychisch nicht als hoher Energieaufwand betrachtet, da man sich nicht zunächst dazu zwingen muss, dieser Tätigkeit nachzugehen, da man sie gern macht. Dies ähnelt dem Aspekt des Interesses sowie dem der Überforderung, weil bei Überforderung durchaus ein zu hoher Aufwand entstehen würde.

6. Das Zeitgefühl verändert sich.

Dass man in unterschiedlichen Situationen eine unterschiedliche Wahrnehmung der Zeit besitzt, ist Ihnen bestimmt bereits aufgefallen. Tut man etwas, das man ungern macht, wie sich zum Beispiel einen Vortrag über ein Thema anzuhören, wofür man sich nicht interessiert, scheinen Minuten zu Stunden zu werden.

Macht man allerdings etwas, das man gern macht, wofür ein Beispiel ein Treffen mit Freunden wäre, dann verfliegen die Stunden. Und das Letztere trifft auf den Flow zu. Da die Aktivität den persönlichen Anforderungen und den Interessen entspricht, wodurch keine große Mühe hiermit verbunden ist, scheint die Zeit schneller zu vergehen. Dies kann auf der Arbeit sehr praktisch sein, da man somit das Gefühl hat, man könne eher nach Hause, wodurch man auch mehr Motivation für den nächsten Arbeitstag aufbringen kann. Man bezeichnet den Flow deshalb auch als „zeitfreien Modus".

7. Die Tätigkeit und der Tätige werden zu einer Einheit.

Hier spricht man häufig auch von einer Verschmelzung der Aktivität und des Handelnden. Man verliert sich in der Ausführung der Aufgabe, wenn man sich im Flow befindet. Hierdurch nimmt man nur noch die Dinge wahr, die für die Aufgabe selbst von Bedeutung sind, statt sich auf Ablenkungen oder äußere Einflüsse zu konzentrieren. Dies gilt aber auch genauso für Inneres, wie Gefühle oder Gedanken.

Durch das Verschmelzen mit der Tätigkeit verschwinden negative Emotionen wie Zweifel oder Ängste, die den Flow beeinflussen oder sogar unterbrechen könnten. Durch Zweifel hätte man nämlich keine Kontrolle mehr und die Konzentration würde nachlassen. Im Falle einer Mathematikaufgabe würde man hier nur noch die Aufgabe und Hilfsmittel wie Taschenrechner bewusst wahrnehmen.

Handelt es sich um Gruppenaktivitäten, wie ein Basketballspiel, dann nimmt man nur die bestimmte, notwendige Gruppe von Personen wahr, hier das eigene Team, das gegnerische sowie das Umfeld oder in diesem Fall Spielfeld.

8. Nicht nur das Erreichen des Ziels, sondern auch der Weg dorthin wird als Genusserlebnis wahrgenommen

Dieser Punkt ist mit einer der wichtigsten, denn würde man die Handlung, die sich im Flow befinden soll, nicht selbst als positiv wahrnehmen, kann es auch zu keinem besonderen Interesse, keiner Einheit und keiner Mühelosigkeit kommen. Empfindet man nur das Ziel selbst als wertvoll, konzentriert man sich auf dieses und der Weg dorthin scheint immer mühsamer und länger zu werden.

Zudem ist das Erreichen eines Zieles nur ein kleiner Bruchteil der Zeit, die man in die Tätigkeit selbst stecken muss. Würde man also nur Freude am Ausgang der Situation haben, würde man den Großteil des Lebens als anstrengend und Mittel zum Zweck ansehen. Findet man jedoch Gefallen an der Situation selbst, ist es egal, wann man das Ziel selbst erreicht, da man sich keinen Druck macht und nicht verzweifelt. Man erfreut sich stattdessen daran, dass man noch mehr Zeit in die Aktivität stecken kann, um hinterher das bestmögliche Ergebnis zu erzielen.

Wie man anhand der Charakteristika selbst sieht, ist eine Unterteilung zwischen Bedingungen für den Flow und Erleben des Flows zwar grob möglich, jedoch nicht endgültig. Jeder Punkt spiegelt nämlich auf gewisse Art und Weise beides wider. Vor allem der Fakt, dass jedes Charakteristikum gleichzeitig eine Voraussetzung ist, wird schnell klar. Sobald man eines nicht erfüllt, können die anderen ebenfalls nicht mehr so erfüllt werden, wie sie es müssen.

Zudem sieht man an dieser Auflistung, dass der Flow selbst etwas rein Positives darstellt. Es gibt keine Phase, in der man Negatives empfindet oder gar zulassen kann, sondern findet Freude an allen Aspekten einer Handlung. Laut Mihaly Csikszentmihalyi hat im Flow nichts anderes als die Tätigkeit selbst eine Bedeutung. Er sagt, man genießt sie sogar so sehr, dass man alles tun würde, um sie fortführen zu können.

Die Kontrolle ist auch häufig ein Bewältigungsmechanismus, wenn das Leben auseinanderzubrechen scheint. Vor allem in der Corona-Lage, in der viele das Gefühl haben, man könnte die Infektionszahlen und die eigene Gesundheit kaum noch beeinflussen, brauchen sie etwas, das sie kontrollieren können. Und genau dies gibt ihnen der Flow, eine positive Situation, die nur sie allein bestimmen und kontrollieren können. Durch diesen Genuss und die Kontrolle ist man im Flow auf einem Höhepunkt der Fähigkeiten. Dies gilt nicht nur für die verwendeten Fähigkeiten, wie logisches Denken oder die Laufgeschwindigkeit, sondern greift auch auf andere Bereiche über. Durch diesen Höhepunkt wird auch das Selbstbewusstsein gestärkt, wodurch sich die Fähigkeiten weiter verbessern lassen, da man sich nicht von Verzweiflung unterkriegen lässt.

Der Name „Flow" lässt sich durch den Punkt der Verschmelzung begründen. Csikszentmihalyi selbst hat es wie folgend formuliert: „Their work flowed out of them." Übersetzt und in den richtigen Zusammenhang gebracht bedeutet dies, dass die Arbeit praktisch aus den Menschen, die er beobachtet hat, herausgeflossen ist, sobald sie im Flow waren. Keine Anstrengung war notwendig, da die Handlung vollkommen unter eigener Beeinflussung stand und schon fast von selbst passierte.

Wichtig ist noch einmal zu erwähnen, dass das Erleben des Flows sehr individuell und subjektiv vonstattengeht. Es ist wahrscheinlich, dass im Flow alle acht Charakteristika wahrgenommen werden, jedoch ist es genauso gut möglich, dass man manche verstärkter als andere wahrnimmt. Deshalb kann man das Flow-Erlebnis nur vergleichen, jedoch nicht als falsch oder richtig bewerten.

DIE KONSEQUENZEN DES FLOWS FÜR KÖRPER UND GEIST

Der Flow ist nicht nur psychologisch entdeckt worden, sondern es ist ebenfalls bewiesen worden, dass er positive Folgen für die Körperfunktionen sowie unsere psychische Stärke hat.

Eine Auswirkung von diesen ist, dass es durch den Flow zu dem Zustand der Kohärenz kommt. In der Medizin bezeichnet dieser Ausdruck eine optimale Synchronität zwischen Atmung, Puls und Blutdruck. Das heißt, bei niedrigem Puls schießt nicht auf einmal der Blutdruck in die Höhe und der Atem stockt gleichzeitig, sondern bei einem Puls im Normalbereich ist auch der Blutdruck in diesem und der Atem ist ruhig, was zur perfekten Sauerstoffzufuhr des Gehirns führt.

Dies fördert zusätzlich auch die Beziehungen zwischen den Emotionen, für die das limbische System zuständig ist, und dem Denken, das das kortikale System und der Neurocortex steuern. Dadurch ist das Risiko, an psychischen Krankheiten wie ADHS (Aufmerksamkeitsdefizithypersyndrom) oder PTBS (Posttraumatische Belastungsstörung) zu erkranken, deutlich geringer. Der Zustand dieser, die an solchen Erkrankungen leiden, verbessert sich sogar durch die Kohärenz und somit auch durch den Flow. Es kommt außerdem zu einer psychologischen Kohärenz, bei der die Gedankengänge einer Person logisch sind. Dies ist ebenfalls fördernd für die Psyche, denn gestörte Denkmuster oder unlogische Denkweisen fördern psychische Krankheiten.

Das Verhältnis zwischen der emotionalen und der gedanklichen Ebene ist nicht das einzige, das durch den Flow verbessert wird. Es kommt nämlich auch zwischen dem Inneren eines Menschen und der Umwelt zu einer optimalen Beziehung. Diese ist von großer Bedeutung für jedes Individuum. Nimmt man nämlich nur noch äußere Einflüsse an, ist es gut möglich, dass man sein Selbst verliert. Man wird zu jemandem, der man nicht ist, und wird nur noch von anderen beeinflusst. Hört man hingegen nur noch auf sich selbst, kann es schnell zu einer Isolation kommen, Bitterkeit und einer negativen Einstellung der Umwelt gegenüber. Diese Beziehung ist also wichtig, da sie die eigene Person formt sowie die Sozialität einer Person beeinflusst.

Das Optimum dieses Verhältnisses ist medizinisch bewiesen worden, da es durch die Messung der Herzfrequenzvariabilität feststellbar ist. Diese Vorgehensweise misst nämlich die Herzfunktion sowie den

Stressfaktor, die im Flow im Optimum liegen. Neurologisch gesehen wurde der Flow bis jetzt zwar nur unzureichend untersucht, jedoch liegen die ersten Ergebnisse bereits vor. Eine der Forscherinnen, die sich eine Zeit lang auf dieses Gebiet konzentriert haben, ist Anne Dietrich.

Sie hat eine Verbindung zwischen der geringen Aktivität im präfrontalen Cortex und dem Flow hergestellt. Dieser ist verantwortlich für die kognitiven Funktionen, zu denen unter anderem Selbstreflexion und die Erinnerungsfunktionen wie das Gedächtnis gehören. Diese reduzierte Aktivität kommt durch die Regulation durch die Hypofrontalität. Dadurch kann man das Gefühl des veränderten Zeitgefühls erklären, da diese ebenfalls Teil der Selbstwahrnehmung sind.

Eine ebenfalls veränderte Regulation findet bei dem Präfrontallappen statt. Dieser steuert sowohl das Gedächtnis und die Aufmerksamkeit als auch das soziale Bewusstsein und den Charakter. All diese Faktoren werden bei dem Erlebnis des Flows beeinflusst. Vor allem die Aufmerksamkeit, die sich vollständig auf die Tätigkeit im Flow richtet. Der Flow lässt sich sogar körperlich durch verschiedene Möglichkeiten messen, was ein weiterer Beweis für seine Existenz ist. Zum einen helfen Interviews oder auch Fragebögen, wie zum

Beispiel der Flow Questionnaire, dabei, zu erfahren, ob ein Individuum den Flow erlebt hat und wie intensiv es das getan hat. Wichtig ist hierbei immer zu beachten, dass jedes dieser Erlebnisse individuell ist und es lediglich Überschneidungen gibt. Bei diesem Fragebogen geht es einmal um die Beschreibung des Flow-Erlebnisses in Bezug auf Kognition, Motivation, Fähigkeit und Herausforderung. Anschließend geht es um die Bewertung verschiedener alltäglicher Erlebnisse und zuletzt um das sogenannte Anti-Flow-Erlebnis.

Gleichzeitig gibt es auch noch die häufig genutzte Flow-State-Scale, die es in einer verkürzten Version sowie in Originallänge gibt. Bei dem Original gibt es ungefähr 36 verschiedene Aussagen, die man in fünf verschiedenen Ausmaßen bewerten kann. Hierzu gehören die Aussagen, ob man sehr zustimmt, zustimmt, neutral ist, nicht zustimmt oder gar nicht zustimmt.

Hierbei drehen sich die Aussagen um die Dimensionen des Anforderung-Fähigkeit-Gleichgewichts, die Aufmerksamkeit, Zielsetzung, das Feedback, die Konzentration und Kontrolle, das Verschmelzen mit der Aufgabe, das Vergehen der Zeit sowie die autotelische Erfahrung. Zu jeder dieser Dimensionen gibt es vier Fragen. Bei der verkürzten Version gibt es für jede Dimension nur eine Aussage. Die Punkte, die man am

Ende erhält, entscheiden dann darüber, ob und wie sehr man sich im Flow verloren hat.

WER ERLEBT DEN FLOW?

Grundsätzlich kann jeder den Flow erleben und in dessen Genuss zu kommen. Darum wird der Flow auch so subjektiv wahrgenommen, da Personen mit unterschiedlichen Erfahrungen und Persönlichkeiten ihre Erlebnisse des Flows beschrieben haben. Es ist jedoch auch so, dass bestimmte Personen anfälliger für das Flow-Erlebnis sind als andere. Manche Charaktereigenschaften machen es einfacher, loszulassen und Interesse für Dinge aufzubringen.

Laut Studien gelangen vor allem Personen in den Flow, die sich auch um sich selbst kümmern und ihre Tätigkeiten nicht für andere, sondern sich selbst vollbringen. Diese Menschen haben nämlich häufig ein hohes Maß an Neugier, Zielstrebigkeit und sind selten selbstsüchtig.

Menschen, die an Neurotizismus leiden, erleben seltener den Flow, denn Neurotizismus sorgt für sehr emotionale Reaktionen, wodurch es schneller zu Angst und Zweifeln kommt. Da man für den Flow ein Gefühl von Kontrolle und ungeteilte Aufmerksamkeit benötigt, fällt es diesen Individuen schwer, ihre Emotionalität zu unterdrücken. Pflichtbewusstsein trägt ebenfalls zum Flow bei, da diese auch gern Herausforderungen annehmen, die sie weder unter- noch überfordern.

Aber nicht nur Charakterzüge beeinflussen das Flow-Erlebnis, sondern auch Empfindungen. Es ist auch abhängig von der Zufriedenheit, der Motivation sowie dem Wohlbefinden der Personen. Zusätzlich ist auch noch wichtig, wie man das eigene Können einschätzt, denn dadurch kann man bewerten, welche Aufgaben dem eigenen Können entsprechen und welche eher nicht. Ein niedriger Angst-Level ist auch notwendig, denn sonst wird man emotional ebenfalls beeinflusst.

WIE ERLANGE ICH DEN FLOW?

Die acht Charakteristika des Flows kennen Sie bereits. Diese sind zwar schon hilfreich zu verstehen, wie man den Flow erlangen kann, es gibt jedoch noch weitere Hilfen, um nicht nur in Bereichen wie Sport oder bei anderen Leidenschaften diesen Energiefluss erleben, sondern auch an Orten wie dem Arbeitsplatz. An diesem verbringt man einen großen Teil seines Lebens, weshalb es umso wichtiger ist, diesen Ort in etwas Freude-Bringendes zu verwandeln. Das macht das Leben noch lebenswerter.

Wie schon mehrfach erwähnt, ist ein wichtiger Teil des Flows die Kontrolle. Ohne Kontrolle über die Situation kann man nicht in das Flow-Erlebnis eintreten, da es so nicht möglich wäre, eine Einheit mit der Tätigkeit selbst zu bilden. Diese Kontrolle zu erlangen, ist nicht unbedingt abhängig davon, ob unser Leben momentan außerhalb unseres Wunschdenkens stattfindet, da wir keinen Einfluss auf bestimmte Ereignisse, wie etwa die Corona-Pandemie, haben können.

Für die Menschen, die noch nicht gelernt haben, sich in Kontrolle der Situation zu befinden, ist es nie zu spät, da man selbst dieses Gefühl von Selbstbestimmung entwickeln kann und somit auch den Flow. Dinge, die außerhalb unseres Einflussbereiches sind, machen uns häufig unglücklich, da wir uns hilf- und machtlos fühlen.

Da es hier aber darum geht, sein eigenes Glück zu finden, ist es umso mehr von Bedeutung, dass die Aktivität innerhalb unseres Wirkungsbereiches stattfindet, damit wir eben das Gefühl haben, wir können etwas gegen jegliches Scheitern und negatives Ereignis tun sowie dem entgegenwirken. Eine weitere Quelle des Unglücks sind häufig die menschlichen Gedanken. Es resultieren Sorgen und Ängste durch das übermäßige Nachdenken, die uns Unsicherheit geben und uns jegliche Stabilität im Leben nehmen können.

Häufig wird man hierdurch stark pessimistisch, da man die positiven Erlebnisse innerhalb des Denkens schlechtredet sowie die vielen variierenden Möglichkeiten durchgeht, in deren Form ein Geschehnis schiefgehen könnte. Genau deshalb darf man nicht zu viel nachdenken, sondern muss sich von der aktuellen Tat absorbieren lassen, sonst verliert man den Boden unter den Füßen und kann seine wirklichen Fähigkeiten nicht entfalten.

Aber wenn Gedanken uns so viel Unzufriedenheit bringen, wofür nutzen sie uns dann? Grundsätzlich sind Gedanken dafür da, zu reflektieren und somit bestimmtes Verhalten oder Fehler korrigieren zu können. Sie helfen uns zudem, nicht zu impulsiv zu handeln, weshalb Zweifel nicht immer zwangsläufig etwas Negatives darstellen. Da man während des Flows kaum Fehler macht, bedarf es auch keiner Unsicherheit oder Korrektur. Man macht es in diesem Falle somit eher perfekt, wenn man sich nur auf das eigene Tun konzentriert, statt auf die verschiedenen Szenarien, die stattfinden könnten. Manche Individuen sind sogar in der Lage, die befürchteten oder auch eingebildeten Gefahren in etwas Positives zu verwandeln und somit noch mehr Energie in den Fluss der Arbeit stecken können.

Solche Personen bezeichnet man als autotelisch. Das bedeutet, dass man nie von dem Alltag oder von Ereignissen gelangweilt ist sowie durch die optimistische Denkweise nicht in Selbstzweifel verfällt. Solche Individuen sind aber nicht unbedingt etwas Besonderes, denn jeder Mensch kann zu einem autotelischen Menschen werden. Ein Beispiel hierfür ist der sogenannte "Joe, der Schweißer". Dieser arbeitet als Schweißer, was eine sehr anstrengende und oft auch langweilige Arbeit darstellt.

Zudem kann es auch mal zu Ärger mit Kunden kommen, es würde also nicht jeder diesen Beruf als unbedingt dankbar darstellen. Eines Tages bekommt Joe das Angebot einer Beförderung. Diese würde nicht nur sein Gehalt aufbessern, sondern ihn auch von den körperlichen Strapazen und der unhöflichen Kundschaft befreien. Statt die Beförderung anzunehmen, beschließt er jedoch, seinen Beruf als Schweißer fortzuführen. Warum? Weil ihm seine Berufung nicht nur Spaß macht, er sie aber auch über die Jahre immer weiter perfektioniert hat, neue Fähigkeiten erlangt hat und dadurch seinen Job immer weniger als einen solchen angesehen, sondern ihn eher als Hobby empfunden hat. Sein Beruf langweilt ihn auch nicht und er zweifelt nicht an sich und seinem Können. Im Gegenteil, er ist sich dessen sicher und gelangt in den Flow, wenn er arbeitet.

Sein Arbeitsplatz und seine Tätigkeit als Schweißer machen ihn glücklich. Ein nicht autotelischer Mensch hingegen hätte vermutlich sofort eine Beförderung angenommen, da diese die Arbeit als Hassobjekt wahrnehmen und somit daran verzweifelt. Sie wissen jedoch nicht, dass es ihnen später vermutlich genauso mit ihrer neuen Arbeitsposition gehen wird, da ihnen der Flow fehlt.

WIE WERDE ICH NUN AUTOTELISCH?

Da Autotelie und Flow praktisch Hand in Hand miteinander eingehen, ähneln sich die Bedingungen auch sehr.

Man braucht, genau wie für das Flow-Erlebnis, ein Ziel, das man verfolgt und das einem eine sofortige Rückmeldung bietet. Ohne ein Ziel fehlt einem oftmals der Antrieb, da einem sonst eine Tätigkeit schnell als sinnlos vorkommen kann.

Wichtig ist aber nicht nur das Ziel, sondern auch die Aktion selbst. Es ist erforderlich, dass man in der Lage ist, in diese einzutauchen. Dadurch wird kaum eine Anstrengung für das Vollführen dieser benötigt und man kann sich vollständig auf die eigene Aufgabe konzentrieren. Man erreicht hierdurch nicht nur schneller das Ziel, sondern verliert sich in der Tätigkeit, wodurch Ablenkung und störende Gedanken vermieden werden können.

Von großer Bedeutung ist zusätzlich die Fähigkeit, Aufmerksamkeit für den Moment selbst aufzubringen. Oft verfallen Menschen in ein bestimmtes Muster, sich entweder Sorgen oder auch Hoffnungen gegenüber der Zukunft zu machen oder auch lange über Vergangenes nachzudenken, das für immer unveränderlich ist.

Dies ist schädlich für das eigene Glück, denn denkt man nur über das noch Bevorstehende oder die Vergangenheit nach, statt im Hier und jetzt zu leben, wird man dies vermutlich immer tun, da es immer wieder Dinge in unserem Leben geben wird, die wir bereuen, sowie immer wieder neue Sorgen, die unsere Zukunft schlechter darstellen, als sie wahrscheinlich sein wird. Lebt man nicht in der präsenten Zeit, kann man sich nicht in einer Aktion verlieren oder dankbar für das

Gute im Leben sein. Ein weiterer Aspekt, der zu berücksichtigen ist, beschreibt ein Verständnis der eigenen Fähigkeiten. Es ist unmöglich, etwas zu genießen, das dem eigenen Können nicht entspricht, da man es sich selbst oder anderen somit niemals recht machen kann. Stattdessen sollte man auf Tätigkeiten zurückgreifen, die man gut kann, wodurch man seine eigenen Fähigkeiten ständig und stetig verbessern kann, was zu Selbstbewusstsein und Stolz führt.

Somit verbessern autotelische Menschen, die sich im Flow befinden, wiederholt ihre Fähigkeiten. Deshalb sind sie auch dazu in der Lage, sich mit der Zeit immer schwerer werdenden Herausforderungen zu stellen, wodurch es häufig zu Optimismus kommt, da man das Gefühl bekommt, man könne alles im Leben bewältigen. Stellt man sich keinen neuen Herausforderungen und versucht durch gleiche Handlungen im Rahmen der eigenen Grenzen und somit in Sicherheit zu bleiben, kommt es schnell zu Langeweile und das eigene Können kann nicht verbessert werden. Dies wäre schädlich für das eigene Glück. Gute Beispiele für solche Handlungen sind Sport und Videospiele.

Beginnt man mit einer neuen Sportart, ist es gut möglich, dass man noch nicht bereit ist, diese sportliche Aktivität lange zu vollziehen, wie beim Joggen, da sich die Ausdauer erst noch ausbilden und verbessern muss. Geht man immer und immer wieder gleichmäßig Laufen, verbessert sich das Durchhaltevermögen, wodurch man nicht nur erhöhte Laufzeiten vollbringen kann, sondern auch mehr Kilometer schneller hinter sich lassen kann.

Videospiele sind oft bereits an das Können des Spielers oder der Spielerin angepasst. Den ersten Level nimmt die spielende Person als einfach wahr, da sich diese zunächst an die Steuerung und die Art des Spiels anpassen muss. Somit lernt man zunächst einmal kennen, wie das Spiel funktioniert und wie es am besten absolviert werden kann. Die Level werden stetig schwieriger und es erfordert häufig mehr als einen Versuch, um es zu vollenden.

Durch diese Übung fällt es dem spielenden Individuum leichter, bestimmte Steuerungen zu vollführen. Würde der letzte Level dem ersten entsprechen, wäre man somit schnell unterfordernd, da es den verbesserten Fähigkeiten nicht weiter entspricht. Das Problem bei solchen Aktivitäten ist jedoch, dass es auch sehr bald zu einer Sucht kommen kann, da man sich nur noch auf zum Beispiel Videospiele konzentriert und somit das restliche Leben und weitere Flow-Erlebnisse vernachlässigt. Eine Sucht verursacht zudem den Verlust der Kontrolle. Man ist somit wieder Dingen ausgesetzt, die man nicht oder nur sehr schwer beeinflussen kann. Dieser Zwang führt somit dazu, dass man unglücklich wird. Deshalb sollte man solche Aktionen zwar regelmäßig vollführen, jedoch auch mit genügend Pausen und Abständen, in denen man sich mit anderen Bereichen des Lebens beschäftigt.

Der Flow ist gewissermaßen vergleichbar mit der sogenannte buddhistischen Mindfulness. Hierbei geht es um einen Zustand, in dem man nur das Präsente wahrnimmt sowie seine eigenen Gedankengänge und Gefühle, ohne diese zu verurteilen. Das Ziel ist, wie beim Flow, eine Beschaffenheit von bloßer Aufmerksamkeit zu kreieren.

Dadurch, dass man jegliches Urteil von sich abwendet, wird man hierbei auch nicht durch Zweifel oder Selbstkritik gestört, was bei dem Flow-Erlebnis ebenfalls der Fall sein soll. Man nennt das Ziel des Buddhismus auch „Moksha", was die Befreiung von allem Negativen beschreibt. So könnte man auch das Ziel des Flows beschreiben, da es hierbei um das Ziel geht, glücklich zu werden, was Negatives ausschließt. Sehr vorteilhaft, um diese Achtsamkeit zu erreichen und den ersten Schritt in Richtung Autotelie zu machen, ist

Yoga. Hierbei konzentriert man sich nur auf das, was im Hier und Jetzt geschieht, außerdem wendet man seine vollständige Konzentration dem eigenen Körper und Verstand zu. Dies ist eine gute Übung, um zu lernen, sich von unerwünschten Ablenkungen befreien zu können, und seine Aufmerksamkeit zu maximieren.

Da viele Yoga als fragwürdig empfinden, gibt es auch noch weitere Möglichkeiten, seine Achtsamkeit zu verbessern. Dies kann auch gut durch alltägliche Dinge wie zum Beispiel beim Essen, Kochen oder Lesen verbessert werden. Vor allem beim Lesen, da man hier nur mit wirklicher Konzentration weiterkommt, da einem sonst häufig die Bedeutungen von manchen Sätzen nicht sofort einleuchten.

Ein weiterer passender Vergleich zu dem Erlebnis des Flows beschreibt Freud. Man stärkt mit jedem Eintauchen in den Flow sein Selbst, was auch Freud versucht hat. Besonders gut vergleichbar ist es mit seinem Konstrukt des Es, Ichs und Über-Ichs. Hierbei kommt es zu einem ständigen Konflikt zwischen dem Es und Über-Ich. Das Es leitet bestimmte Impulse an das Ich und Über-Ich weiter. Im Falle der Achtsamkeit wäre ein Impuls, abzuschweifen und sich auf etwas anderes zu konzentrieren. Das Über-Ich hinterfragt hierbei, ob es dem Impuls nachgehen soll oder nicht. Im Gegensatz zum Es symbolisiert es nämlich nicht die eigenen Wünsche und Sehnsüchte, sondern die sozialen Normen und Werte. Das Es und Über-Ich stimmen hier häufig nicht überein, da das Über-Ich das Verlangen als von der Gesellschaft nicht akzeptiert wahrnimmt. Das Ich beendet den Konflikt der beiden, indem es eine Entscheidung trifft, die beide Seiten berücksichtigt. Im zuvor genannten Beispiel würde das Ich optimalerweise entscheiden, dass es sich nicht ablenken lässt, sondern seine Konzentration weiterhin auf sich und seine Aktivität richtet.

Wenn man sich von autotelischen Menschen zu einem von Flow geprägten entwickelt, werden die Fähigkeiten, die autotelische Individuen bereits besitzen, meist verfeinert und verstärkt. Auch wenn man weiterhin ein Ziel verfolgt, ist dies dann nicht mehr die einzige Motivation, einer Aktion nachzugehen. Man ist dann nämlich intrinsisch motiviert, was bedeutet, dass einen die Tätigkeit selbst motiviert.

Man entwickelt zudem einen sogenannten Flow-Kanal, der eine perfekte Balance zwischen Unter- und Überforderungen beschreibt, wodurch Negatives vermieden wird. Laut Studien kommt der Flow jedoch nicht nur durch dieses Gleichgewicht von Fähigkeit und Anforderung, sondern wesentlich sind ebenfalls Weiterentwicklungen. Ohne diese würde man nämlich stetig denselben Schwierigkeitsgrad verarbeiten, was auf Dauer ebenfalls zu Unzufriedenheit und Langeweile führen würde.

Laut weiteren Studien gibt es allerdings einen Zusammenhang zwischen Flow, Drogenkonsum und illegalen Aktivitäten. Der Aspekt der Drogen lässt sich vor allem dadurch erklären, dass Drogen einem vermeintlich dabei helfen können, herunterzukommen und so nicht weiterhin von negativen Emotionen oder Gedanken beeinflusst zu werden. Jedoch wird hierbei nicht bedacht, dass die Drogen mit der Zeit die Ablenkung werden, da man sich kaum noch auf irgendetwas anderes konzentrieren kann, wenn sich die Gedanken nur noch um die Sucht und das Verlangen drehen. Und selbst, wenn man sich konzentrieren kann, kann man seine Fähigkeiten aufgrund der negativen Folgen von Drogenkonsum nicht verwirklichen.

Andere Studien wiederum verweisen darauf, dass Flow-Erlebnisse einen Schutz vor negativen Einflüssen darstellen, was sich stark widerspricht. Um das zu erreichen, ist es von Bedeutung, sich nicht unter Druck zu setzen, sollte einem der Flow nicht sofort oder auch nicht jedes Mal gelingen, das ist vollkommen normal.

Durch diesen Druck entsteht Stress, der einen noch mehr von der Achtsamkeit abhält, wodurch man verzweifelt und zu falschen Mitteln greifen könnte. Außerdem sollte man seine Fähigkeit, den Flow zu erleben, nicht nur auf eine Tätigkeit richten, sondern eine Abwechslung schaffen, damit es auch zu keiner Abhängigkeit gegenüber der Aktion kommt.

WO MAN DEN FLOW AM BESTEN ERLEBT

Interessanterweise sind die Flow-Bedingungen in der eigenen Freizeit seltener erfüllt als auf der Arbeit. Das bedeutet, man erreicht viel häufiger und schneller diesen Fluss von Energie, wenn man sich an seinem Arbeitsplatz befindet. Das liegt hauptsächlich daran, dass man sich auf der Arbeit einer bestimmten Tätigkeit widmet, bei der ein Ziel bereits vorausgesetzt ist.

Arbeitet man zum Beispiel im Bankwesen und bekommt einen Auftrag, bei dem man die Kreditwürdigkeit eines Kunden überprüfen soll, ist das Ziel, den Auftrag zu erledigen und eine Bewertung abzugeben. Befindet man sich jedoch zu Hause oder nutzt seine Freizeit, hat man häufig kein Ziel. Man versucht, die Zeit möglich produktiv oder entspannt zu verbringen, was häufig darin resultiert, dass man verschiedene Dinge auf einmal und auch völlig durcheinander macht. Dadurch kann man sich zum einen nicht auf eine bestimmte Aktion konzentrieren, da es immer etwas gibt, das noch zu erledigen ist oder das man auch gern tun würde. Auf der anderen Seite gibt es hier nun kein konkretes Ziel, das man verfolgt.

In der Freizeit erlebt man das Flow-Gefühl am ehesten beim Autofahren oder wenn man Zeit mit seinen Liebsten verbringt. Beim Autofahren ist nämlich starke Konzentration eine Voraussetzung dafür, dass man zum einen sicher ankommt und zum anderen keine anderen Verkehrsteilnehmer gefährdet. Das Ziel beschreibt hier selbstverständlich die Ankunft.

Man kann sich die Fahrt auch mit leiser Musik oder Ähnlichem noch weiter versüßen, weshalb das Verfliegen der Zeit so plötzlich und einfach vonstattengeht. Wenn man Zeit mit Freunden oder Familie verbringt, konzentriert man sich ebenfalls nur auf die Gespräche mit diesen oder den Dingen, die man zusammen unternimmt. Ziele könnten hier sein, jemanden aufzumuntern, ein Outfit zu finden oder sich mit jemandem auszutauschen, der einem einen guten Rat geben kann.

Flow auf der Arbeit

LANGEWEILE AUF DER ARBEIT

Nicht wenige Menschen beklagen sich darüber, dass sie sich während ihrer Arbeitszeiten mehr als nur stark langweilen. Dadurch vergeht die Zeit am Arbeitsplatz schleichend und der Tag scheint kein Ende zu finden. Da ist es verständlich, dass man keine Lust hat, am nächsten Tag diesen Ort wieder aufzusuchen und einfach nur auf den nächsten Urlaub wartet. Selbst, wenn man den Job seiner Träume hat, Langeweile wird es immer geben.

Das liegt vor allem daran, dass sich mit der Zeit Gewohnheiten und Routinen aufbauen. Dabei kommt es nicht unbedingt darauf an, ob man normale Papierarbeit von Tag zu Tag erledigen hat oder Leistungssportler ist. Bei beidem wird es irgendwann nicht mehr so spannend sein, wie es einmal gewesen ist. Das Individuum, das sich immer wieder im Büro aufhält, ist irgendwann die gleiche Struktur der Arbeit und vermutlich auch immer die gleichen vier Wände leid.

Leistungssportler haben zwar keine festen Arbeitszeiten, jedoch ist ihr Tagesablauf streng strukturiert. Sie stehen vermutlich immer um dieselbe Zeit auf, behalten dieselbe Ernährungsweise bei und widmen sich regelmäßig dem Training. Auch das kann langweilig werden. Am Anfang scheint alles sehr aufregend, da es neu für einen ist. Ungewohnt. Das klingt vielleicht zunächst einmal sehr demotivierend, jedoch muss diese Langeweile nichts Negatives sein.

Zum einen fördert sie die Kreativität; findet man nämlich Gefallen an immer derselben Routine, bleibt man auch immer in dieser stecken. Empfindet man sie jedoch mit der Zeit als lästig, kommt es zu alternativen Denkmustern. Man wird kreativ, da der Wunsch nach Neuem besteht. Und natürlich kann Langeweile dabei helfen, zu entspannen. Ein Herzchirurg, der jede Sekunde einen lebensrettenden Eingriff vollführen muss, würde hingegen ständig unter Strom stehen. Das ist zum einen nicht nur schlecht für die Gesundheit, sondern kann auch zu Fehlern oder Unkonzentriertheit führen, was in diesem Fall fatal wäre. Wenn wir uns aber langweilen, dann können wir neue Kraft für die kommenden Zeiten schöpfen, wodurch unsere Energie immer wieder aufgebaut wird.

Es gibt jedoch eine negative Form der Langeweile, die man als Varianz-Amnesie bezeichnet. Bei einer Amnesie vergisst man Teile seines Lebens, ob vorübergehend oder dauerhaft. Hier vergisst man jedoch die vielen variierenden Dinge, die wir in unserem Leben vollbringen können, was davon kommt, dass wir uns nur noch auf eine bestimmte Sache konzentrieren, wie zum Beispiel den Job, wodurch wir unsere Freizeit oder sozialen Kontakte vollkommen vergessen könnten. Um dem vorzubeugen, ist es wichtig, von Anfang an Varianz in sein Leben zu bringen.

Statt jeden Tag denselben Film zu schauen, denselben Weg beim Spaziergang zu nutzen, sollte man sich auch mal eine Serie anschauen und einen anderen Weg gehen. Das kann schon sehr hilfreich sein, da der Fokus nicht mehr auf einer einzigen Aufgabe verweilt. Und kommt es doch einmal zu der Form von Langeweile, bei der der Spaß mit der Zeit an etwas vergangen ist, sollte man versuchen, sich zumindest vorübergehend auf etwas anderes zu konzentrieren, bevor man mit seinem vorherigen Fokus fortfährt. Wenn es um die Arbeit geht, kann es verschiedene Ursachen dafür geben, dass es zu einem Zustand der Langeweile und Unzufriedenheit kommt.

Zunächst kann es natürlich an dem Beruf selbst liegen. Jemand, der gern Abenteuer erlebt und am liebsten den ganzen Tag unterwegs ist, wird keine Freude daran finden, Akten zu ordnen oder neu zu formatieren. Hier wäre Langeweile schon vorprogrammiert. Man sollte sich möglichst einen Beruf suchen, der den eigenen Interessen und auch Hobbys entspricht. Sollte das nicht so leicht sein, sollte man zumindest nach etwas Ausschau halten, das gewisse Überschneidungen mit den eigenen Vorlieben hat. Wie schon häufig genannt, ist ein weiterer Risikofaktor für Eintönigkeit eine Unterforderung.

Man benötigt Herausforderungen, die den eigenen Fähigkeiten entsprechen. Ohne Herausforderung ist man so unmotiviert, dass man schon gelangweilt ist, bevor man mit der Aufgabe selbst begonnen hat. An manchen Tagen wird es immer mal leichtere Aufgaben geben, die eventuell keine Challenge darstellen, dann kann man die Pausen dazu nutzen, sich selbst Herausforderungen zu machen. Zum Beispiel, dass man das nächste Kapitel des derzeitigen Buches liest oder einen Spaziergang von zwei Kilometern macht. Und während der Arbeit selbst kann man sich auch selbst herausfordern. Das kann man, indem man sich – in einem möglichen Rahmen natürlich – die Bedingungen der Tätigkeit selbst erschwert, indem man zum Beispiel versucht, den Auftrag in nur einer halben Stunde zu vollenden.

Schlecht für die Stimmung am Arbeitsplatz sind ebenfalls schlecht gelaunte oder genauso gelangweilte Kollegen oder Chefs, da man diese Stimmung als ansteckend beschreiben kann. In diesem Fall sollten alle versuchen, sich zusammen zu motivieren. Kommt man jedoch mit den Mitarbeitern auf gar keinen gemeinsamen Nenner, sollte man eventuell einen Platzwechsel in Betracht ziehen, da ein unangenehmes soziales Umfeld am Arbeitsplatz sehr schnell unglücklich machen kann.

Durch diese Maßnahmen, die man gegen Langeweile am Arbeitsplatz vollzieht, kann es wieder zu einem Fokus auf die Arbeit sowie Konzentration kommen, wodurch die Bedingungen für das Flow-Erlebnis wieder gegeben sind. Bei Unzufriedenheit am Arbeitsplatz kann es auch zu keinem Glück im Leben selbst kommen.

WIE SIE FLOW IM JOB EINFA-CHER ERLANGEN

Der Arbeitgeber gibt einem am Arbeitsplatz schon meist bestimmte Ziele vor, wie zum Beispiel, dass man einen Bericht bis nächste Woche beenden oder Regale bis abends umsortiert haben soll. Aber solche Ziele können manchmal auch recht ineffektiv sein, da manchmal einige Zeit vergehen muss, bis man sie erreicht.

Deshalb kann es durchaus hilfreich sein, sich selbst ebenfalls Ziele zu setzen, die das große Ziel sozusagen in kleine Ziele unterteilt. Statt zum Beispiel daran zu denken, dass bis Freitag der Bericht fertig sein muss, kann man sich als Ziel setzen, am heutigen Tag eine bestimmte Anzahl an Worten geschrieben zu haben. Dadurch erlebt man zudem mehr motivierende Erfolgserlebnisse, da man viele Ziele in kurzer Zeit erreicht. Eine weitere Hilfestellung, die sich auf Ziele bezieht, wäre, diese zu notieren sowie die Maßnahmen, die ergriffen werden müssen, um diese zu erreichen. Dadurch verliert man nicht die Orientierung und führt sich vor Augen, dass es möglich ist, dieses Bestreben zu erreichen und macht es somit greifbar. Wenn das Gefühl der Langeweile entsteht, obwohl man bereits alle möglichen Maßnahmen ergriffen hat, kann es auch eine gute Idee sein, sich mit etwas Neuem zu beschäftigen. Das kann Ihnen helfen, neue Kraft zu schöpfen sowie neue Inspiration zu finden, was sich durchaus positiv auf Ihr berufliches sowie privates Leben auswirken kann.

Auch, wenn es häufig schwerfällt, vor allem, wenn man sich in schwierigen Lebenssituationen befindet, sollte man versuchen, möglichst optimistisch zu bleiben und negative Gedanken zu erkennen, wodurch man sie auch schnell durch positive ersetzen kann. Bleibt man nämlich auf Pessimismus sitzen, ist es beinah unmöglich, in das Flow-Erlebnis zu gelangen, da jegliche Konzentration und Motivation fehlen.

Vor allem in Berufsbereichen, in denen man den Großteil seiner Zeit in Innenräumen sowie an einem Sitzplatz verbringt, ist es empfehlenswert, sich zwischendurch aufzuraffen und sich zu bewegen. Dazu kann man zur Not auch die Pausen nutzen. Bewegung setzt nämlich Endorphine frei und frische Luft hilft häufig gegen Kopfschmerzen.

Ein sauberer und ordentlicher Arbeitsplatz ist häufig auch von Bedeutung, wenn es um Motivation und Wohlbefinden geht. Man hat schon keine Lust, das Büro zu betreten, wenn man weiß, dass dort Chaos und

Unordnung lungern. Sollten Sie trotz aller Versuche einmal nicht in den Flow gelangen, ist das kein Grund zur Sorge. Auch ein autotelischer Mensch befindet sich nicht durchgehend in diesem, es ist also völlig normal, wenn es eine Zeit lang mal nicht funktioniert. Umso besser werden Sie aber den nächsten Flow erleben.

Die Bedeutung des Flows

WARUM IST FLOW NUN SO WICHTIG?

E iner der Hauptgründe, warum Flow von so starker Bedeutung ist, ist, dass er gegen Stress vorbeugt, der bekanntlich schlecht für den Menschen ist.

Eine wichtige Frage hierbei ist zunächst, was Stress eigentlich ist. Allgemein ist er ein natürlicher Mechanismus, der dem Menschen hilft, Bedrohungen zu überstehen, indem er den Kampf- oder Flucht-Modus auslöst. Meistens wird der Körper nur kurze Zeit von Stress beeinflusst, damit man aufmerksamer wird sowie seine Fähigkeiten vollständig entfaltet, um eben das Überleben zu sichern. Eine Art von Stress beschreibt der Eustress, der als eher positiv gewertet werden kann, da er Glückshormone freisetzt und für ein gestärktes Selbstvertrauen sorgt. Kommt es allerdings zu chronischem Stress, dem Disstress, hat dies viele negative Folgen für Psyche und Körper, da der Körper dauerhaft in einer Art Alarmmodus verweilt.

Die Auslöser von Stress sind sehr individuell, da verschiedene Menschen unterschiedliche Reize als mild oder stark unangenehm empfinden. Es gibt jedoch Stressfaktoren, die bei den meisten Menschen den Stress-Effekt auslösen. Beispiele sind hierfür Konflikte mit Mitmenschen, Druck, Trauer, zu viel Arbeit, Leistungsdruck und Sorgen.

Der Stress-Effekt wird durch das Gehirn ausgelöst, das Stresshormone wie Adrenalin oder Cortisol ausschütten. Diese haben einen Einfluss auf verschiedene Stoffwechselprozesse, weshalb die Folgen fatal sein können.

Schüttet das Gehirn immer wieder oder sogar dauerhaft die zuvor genannten Hormone aus, hat dieses viele negative Konsequenzen und Folgen. Es kommt zum einen zu erhöhtem Blutdruck, da der Herzschlag sich erhöht und schneller Blut durch die Adern pumpt.

Dieses Vorgehen verbraucht mehr Energie, als ein normaler Blutdruck es tun würde. Deshalb ist der Körper dazu gezwungen, an einer anderen Stelle die benötigte Energie einzusparen. Meist tut er dies im Bereich der Verdauung, wodurch es zu Verstopfungen und häufig auch Magenproblemen kommen kann.

Der schnelle Herzschlag verleitet den Menschen auch häufig dazu, schnell ein- und auszuatmen, was man als flache Atmung bezeichnet, da es durch Stress zu Panik kommt. Dadurch erlangt das Gehirn weniger Sauerstoff, da die Atmung nicht mehr genug hiervon aufnimmt, was für das Gehirn unzureichend ist. Dies führt schnell zu einem schlechteren Langzeit- sowie auch Kurzzeitgedächtnis und Kopfschmerzen. Die Hirnaktivität verschlechtert sich also.

Wie vielen bereits bekannt ist, kommt es zu sehr angespannten Muskeln, vor allem im Schulter-, Nacken- und Rückenbereich, da die Muskeln hier besser durchblutet werden. Auf Dauer kann dies sehr schmerzhaft werden und zu Krämpfen führen. Zudem wird es hierdurch schwer, sich zu entspannen, wodurch der Stress noch einige Zeit bestehen bleibt. Ein weiterer großer Nachteil ist, dass es zu einem geschwächten Immunsystem kommt. Dieses Stress-Verhalten des Körpers blockiert nämlich die Abwehrzellen. Dadurch wird man schneller krank und der eigene Zustand verschlechtert sich nur noch weiter.

Häufig kommt es auch zu Schlafstörungen und somit starker Müdigkeit. Auch, wenn man das Gefühl hat, man müsste eine Woche durchschlafen, kann man nachts nicht einschlafen. Das Herz und die Gedanken rasen, man macht sich bereits Gedanken über all das, was am nächsten Tag oder im nächsten Monat alles erledigt oder auch bezahlt werden muss. Bekommt man nicht ausreichend Schlaf, hat dies ebenfalls negative Konsequenzen für den Körper, wodurch sich das Immunsystem zum Beispiel noch weiter verschlechtert. Viele Menschen mit chronischem Stress erleiden anschließend auch an starker Migräne, die immer wieder aufzutauchen scheint. Man hat einen stechenden Schmerz im

Schädel, als würde jemand mit einem Hammer darauf einschlagen, die Sicht verschlechtert sich und der Kreislauf geht den Bach runter. Wenn man sich nun auch noch krank melden muss, verursacht dies noch mehr Stress, denn wie soll man nun noch alles erledigen, was erledigt werden muss? Die Libido nimmt mit der Zeit auch immer weiter ab, was ebenfalls fatal für die Gesundheit ist, da Geschlechtsverkehr oder auch

Masturbation zum einen Dopamin und Serotonin, die bekannten Glückshormone, ausschüttet, aber auch das Immunsystem stärkt, wodurch man weniger anfällig für Erkrankungen und vor allem auch schwere Verläufe ist.

All diese Empfindungen und Beschwerden haben bereits auf kurze Dauer einen sehr negativen Einfluss auf uns, unsere Seele sowie auch unser Leben selbst. Da der Körper stark belastet wird, kommt es als Folge hiervon zu schlimmeren Erkrankungen, die oft auch dauerhaft oder von einer längeren Dauer sein können. Diese können psychisch oder auch physisch vorliegen. Auf der physischen Seite können diese zum Beispiel Herz-Kreislauf-Erkrankungen sein, was vor allem mit dem hohen Blutdruck und dem schnellen Kreislauf zusammenhängt.

Es kann allerdings auch zu Dingen wie Diabetes kommen, die einen großen Einfluss auf das Leben haben, da Essen für uns Menschen zum Alltag gehört und somit eine ziemlich große Rolle spielt. Ausschläge können ebenfalls eine Folge sein, die nicht nur schmerzhaft und belastend sind, sondern häufig auch zu Scham führen, wenn sie sich an sichtbaren Stellen befinden, obwohl das nicht die Schuld des Menschen ist. Menschen, die an Neurodermitis erkrankt sind, merken dies besonders, da die Entzündung sowie der Juckreiz der Haut verstärkt werden. Versucht man, diese durch Kratzen zu beenden, kommt es zu einer zunehmend schlimmeren Entzündung. Unterlässt man das Kratzen, kommt es zu noch mehr Stress. Dies ist auch bei Schuppenflechte und der Krankheit der Nesselsucht der Fall.

Durch den Energiesparmodus des Körpers kommt es neben den Problemen der Verstopfung auch oft zu Sodbrennen, Durchfall und geht sogar so weit, dass es zu Magengeschwüren kommen kann, die sofort behandelt werden müssen.

Das Gehirn selbst wird ebenfalls von dauerhaftem Stress überfordert, wodurch es zum Schrumpfen der Gehirnfunktion kommen kann sowie zum Abnehmen der Nervenbahnen. Dies kann auch zu einem Schlaganfall führen. Wie man sieht, sind alle Areale des Körpers von Stress betroffen. Noch nicht erwähnt wurden die Sinnesorgane, die dadurch aber auch Schäden erleiden können.

Diese treten vor allem im Hörbereich auf, zum Beispiel in Form eines Tinnitus', durch den Individuen häufig einen hohen Ton wahrnehmen, der jedoch nicht von außen kommt. Es kann auch zu einem Hörsturz kommen, wobei es durch eine gestörte Durchblutung zu einem einseitigen Hörverlust kommt. Psychisch leiden viele Stresspatienten an einem Burn-out, der einen sozusagen vollkommen umhaut und einen wie eine Kerze auspustet.

Dauerhaft kann es auch zu Depressionen kommen, die es schwer machen, Dinge zu erledigen, was noch stressiger werden kann. Gleichzeitig kommt es hierbei zu einem starken Empfinden von negativen Emotionen wie zum Beispiel starker Trauer oder auch dem Gefühl einer emotionalen Leere. Beides kann sich als sehr belastend herausstellen, da Individuen mit Depressionen sowohl die erdrückende Emotion von Sinnlosigkeit als auch das vollkommene Fehlen jeder Gefühlsart so schlimm wahrnehmen, dass es ihnen jegliche Lebensfreude nimmt.

Zudem empfindet man häufig eine große Einsamkeit, da das soziale Umfeld häufig wenig Verständnis für solche Situationen aufbringt, da wir oft einfach nur funktionieren sollen. Wenn dies dann auf einmal nicht mehr möglich ist, verstehen dies viele Menschen nicht. Aber nicht nur der extreme Fall von chronischem Stress kann zu solchen Konsequenzen führen, sondern auch alltägliche Dinge wie Unzufriedenheit. Ist man dauerhaft unzufrieden oder ständig davon geplagt, macht dies ebenfalls krank. Und durch die Krankheiten sowie die damit verbundenen Schmerzen kommt es zu neuer Unzufriedenheit, da man nicht mehr in der Lage ist, die Dinge so zu vollbringen, wie man es vorher gekonnt hat.

Auch hier gibt es ein Gefühl von Einsamkeit, da es so scheint, als würden die Menschen um einen herum einfach mit ihrem Leben weitermachen sowie dieses genießen, während man selbst das Gefühl hat, gefangen zu sein. Zusätzlich hierzu kann es auch schwierig sein, bei solch negativen Empfindungen Kontakte weiterhin zu pflegen. Das verstärkt natürlich noch mehr den Eindruck, allein zu sein, weil man es sehr häufig ist.

Dies bringt viel Frustration mit sich. Nicht nur in Bezug auf die Welt, da man sich von dieser in solchen Situationen meist ungerecht behandelt fühlt, sondern auch an einem bestimmten Punkt bedingt davon, dass man sich schnell selbst die Schuld dafür gibt, dass man da, wo man sich nun befindet, angekommen ist, obwohl dies nicht gerechtfertigt ist. Man vergleicht sich mit anderen Mitmenschen und versteht nicht, warum man nicht einfach in der Lage ist, so zu leben wie diese. Auch Unzufriedenheit kann zu schweren psychischen Problemen wie Depressionen oder Angststörungen führen, die sich auch schnell zu einer chronischen

Krankheit entwickeln können. Und hier wieder herauszukommen, kann sich als sehr schwierig und kraftraubend herausstellen. Und genau darum ist der Flow von so großer Bedeutung. Er ist ein Weg für jedes einzelne Individuum auf dieser Welt, unabhängig von Kultur, Herkunft oder auch Geschlecht, um glücklich zu werden. Wenn dieses Glück sich auch oft als nicht dauerhaft herausstellt, ist es dennoch wichtig, da es uns den Stress oder auch die Unzufriedenheit vergessen lässt. Durch den Flow können wir somit gesund bleiben, was für Sie bestimmt einen hohen Stellenwert besitzt.

DAS MACHT GLÜCKLICH-SEIN MIT UNSEREM KÖRPER

Genauso, wie das Gehirn bei Stress Hormone ausschüttet, tut es dies auch bei Glücksgefühlen.

Ein sehr bekanntes Glückshormon ist Dopamin, das von Neuronen im Mittelhirn ausgeschüttet wird, bevor es weiter in das untere Vorderhirn und Frontalhirn geleitet wird. Im Vorderhirn werden nun durch Neuronen Stoffe hergestellt, die man mit Opium vergleichen kann, da es manchmal einen Rausch-ähnlichen Zustand hervorruft. Im Frontalhirn kommt es zu einer Steigerung der Leistung des Gehirns, die sowohl die Aufmerksamkeit als auch das Gedächtnis stärken. Oft steht Dopamin in Verbindung mit Vorfreude. Seine Aufgabe ist, Gefühlslagen sowie Emotionen zu überbringen, aber auch die Durchblutung sowie die Funktion der inneren Organe und Muskeln. Oft gelangt man an Dopamin an der frischen Luft und durch Bewegung, was wahrscheinlich erklärt, weshalb so viele Leistungssportler das Flow-Erlebnis häufig haben, da sie einen hohen Dopamin-Ausschuss haben.

Dopamin ist auch von großer Bedeutung in Hinsicht darauf, dass das Glückshormon Noradrenalin aus Dopamin hergestellt wird. Diese Herstellung findet im zentralen Nervensystem sowie den Nebennieren bei Stress statt, der von physischer sowie auch psychischer Herkunft sein kann. Durch das Noradrenalin bleibt man wachsam sowie auch aufmerksam in Stresssituationen, wodurch diese auch gemeistert werden können.

Noradrenalin steigert ebenfalls die Motivation, die vor allem in interner Form wichtig für den Flow ist, sowie auch die Leistungsfähigkeit, die im Flow gesteigert werden kann. Ebenfalls von großer Bedeutung ist Serotonin. Es ist Teilhaber an Vorgängen, sie sich im zentralen Nervensystem abspielen. Es wirkt sich auf die Qualität sowie Quantität des Schlafes aus, auf das Schmerzempfinden, das Sexualverhalten sowie die Gefühlslage. Serotonin wird vor allem im Frühling und Sommer ausgeschüttet, da Licht die Produktion und Abgabe dieses Hormons steigert. Im Winter ist das Gegenteil der Fall und der Gegenspieler des Serotonins, das Melatonin, überwiegt.

Die Funktion dessen ist, den Schlaf zu ermöglichen, was vor allem bei Dunkelheit vonstattengeht, weshalb dieses in dunklen Monaten vermehrt ausgeschüttet wird. Dadurch kommt es oft zu starker Müdigkeit sowie Trägheit. Zusätzlich kann es zu einer eingeschränkten Libido, schlechter Laune sowie starker Angst kommen, welche Folgen von Serotoninmangel sind. Es wird allerdings nicht nur Licht, sondern auch ausgewogene Ernährung benötigt, da durch diese Tryptophan aufgenommen wird, die für die Herstellung von Serotonin ebenfalls notwendig ist.

Endorphine hingegen werden bei Verletzungen, die starke Formen von Schmerzen auslösen, ausgeschüttet. Sie lindern den Schmerz und sorgen für eine Art Rauschzustand, in dem der Schmerz erträglich und auszuhalten ist. Sie regulieren zudem das Hungergefühl und den Sexualtrieb. Endorphine werden vor al-

lem durch Bewegung freigesetzt, weshalb viele Individuen von dem sogenannten Läuferhoch berichten.
Dort sind sie nämlich sehr erschöpft, nehmen aber ihre
Muskelschmerzen und Müdigkeit kaum war, da das
ausgeschüttete Serotonin und die Endorphine diese
übertönen.

Ein weiteres bekanntes Hormon, das vermutlich
jedem im Leben ein oder mehrmals begegnet, beschreibt das Glückshormon Phenethylamin. Es ist für
Gefühle von Lust und Glück verantwortlich und wird
sowohl durch physische als auch psychische Faktoren
ausgeschüttet. Ein körperlicher Grund hierbei beschreibt zum Beispiel erneut Ausdauersport. Ein emo-
tionaler Faktor wäre hier das Gefühl der Liebe. Ist man
verliebt, sorgt Phenethylamin für die bekannten Empfindungen von Schmetterlingen im Bauch, das schnelle
Herzklopfen sowie den plötzlichen Konzentrations-
mangel.

Den letzten Bestandteil dieser wichtigen Reihe bil-
det Oxytocin. Dieses ist häufig bekannt dafür, dass es
die Wehen am Ende einer Schwangerschaft sowie die
Milchproduktion in Gang setzt. Da diese Situationen
sehr stressig sein können, kommt es durch Oxytocin
zu einer Reduktion von Angst und Stress. Gleichzeitig

fördert es das Wohlbefinden, die Fähigkeit von Empathie und die sozialen Fähigkeiten. Deshalb wird es vor allem in Momenten, die von Liebe und Vertrauen geprägt sind, ausgeschüttet.

Auch, wenn sich all diese Glückshormone recht einfach und schnell auszulösen scheinen, baut das Gehirn diese auch recht schnell wieder ab. Warum dies so ist, lässt sich an einem Experiment von James Odis aus den 1950ern erklären, bei dem die Glückshormone von Ratten dauerhaft aktiviert wurden, was dann schließlich zu ihrem Tod geführt hat, da sie durch dieses positive Gefühl vergessen haben, zu essen, zu trinken und zu schlafen.

Trotzdem haben alle Momente, die von Glück geprägt sind, positive Folgen für unsere Gesundheit. Studien haben gezeigt, dass Menschen, deren Wohlbefinden besonders stark ist, sich gesünder ernähren und eher zu Obst als zu Schokolade greifen. Eine gesunde Ernährung reduziert vor allem auch das Risiko, an Diabetes oder Herzerkrankungen zu leiden. Zusätzlich ist ihre sportliche Aktivität höher als die von unzufriedenen Menschen. Zufriedenheit führt außerdem dazu, dass man nachts besser schläft. Dadurch kommt es zu einer Steigerung der Konzentrationsfähigkeit und Produktivität, außerdem ist ein gesundes Körpergewicht

wahrscheinlicher. Während Stress für ein geschwäch-
tes Immunsystem sorgt, verbessert Glück dieses. Der
Grund hierfür könnte an der veränderten Aktivität der
Hypothalamus-Hypophysen-Nebennierenrinden-
Achse liegen, die auch das Immunsystem reguliert.

Bei Stress kommt es zu hohen Cortisol- und auch
Adrenalin-Werten. Menschen, die jedoch glücklich
sind, haben einen weniger angestiegenen Cortisol-
Wert, was vor den Nebenwirkungen von Disstress
schützt.

Wer glücklich ist, lacht häufig auch viel. Dies ist
etwas Positives, denn das Lachen sowie Glücksgefühle
senken den Blutdruck, wodurch die Wahrscheinlich-
keit, an einer Herzerkrankung zu leiden, erheblich
sinkt. Dadurch, dass Glück so viele gesundheitsför-
dernde Wirkungen hat, verlängert es laut einer Studie
sogar das Leben. Unglückliche Individuen haben ein
erhöhtes Risiko von 14 Prozent, früher zu sterben.

Vor allem auch beim Altern hat Glück starke Vor-
teile. Es mindert nämlich Schmerzen. Patienten mit
Arthritis, einer Gelenkentzündung, profitieren vor allem hiervon, da ihre Bewegungsmöglichkeiten hierdurch erhöht werden, was das Fortschreiten der
Schmerzen auch verlangsamen kann. Dass Glückshor-

mone vor allem auf der Arbeit eine wichtige Rolle haben, ist verständlich. Wie zuvor erwähnt, verbringen wir dort einen großen Teil unseres Lebens und es gibt auch viele Tage, die wir lieber zu Hause oder woanders verbringen würden.

Um die oben genannten Glückshormone und auch den Flow zu fördern, kann man sich somit bessere Voraussetzungen am Arbeitsplatz schaffen. Arbeitet man zum Beispiel in einem Büro, sollte man dieses möglichst hell gestalten, da hierdurch mehr Serotonin ausgeschüttet wird und es sonst zu Trägheit kommt. Zudem ist es praktisch, in den Pausen etwas Sport zu treiben oder dies auch in der Freizeit zu tun, damit es zum Ausschütten von Endorphinen und Dopamin kommt. Natürlich ist es nicht immer möglich, all diese Punkte zu erfüllen und sich zu jedem Zeitpunkt an einen gesunden Lebensstil zu halten, aber selbst in Stresssituationen wird Noradrenalin ausgeschüttet, wodurch man diesen auch schnell wieder entfliehen kann.

WAS HAT ALL DIES MIT DEM FLOW ZU TUN?

Durch das Flow-Erlebnis fällt viel Stress in dem Leben eines Individuums weg, da er viele Aktivitäten, selbst die meist anstrengende Arbeit, angenehmer gestaltet. Dies fördert die körperliche und mentale Gesundheit, was an oberster Stelle stehen sollte, da wir ohne diese kaum leben können. Selbst, wenn wir als Folge von Stress unter behandelbaren Erkrankungen, wie zum Beispiel Diabetes, leiden, gestaltet dies unser Leben dennoch als schwieriger, da solche Krankheiten ein Leben lang bleiben und oft auch sehr kräftezehrend sind.

Deshalb ist es so wichtig, zu verstehen, welche schlimmen Konsequenzen sich eigentlich durch den Flow verhindern lassen. Hierbei kommt es zu Glücksgefühlen und somit zu positiven Einflüssen auf unseren Körper und unsere Seele. Und dies sollte unsere Priorität sein.

FLOW, JA ODER NEIN?

Auf diese Frage gibt es eine sehr klare Antwort: Ja. Wie dieses Buch Ihnen gezeigt hat, ist der Flow eine Fähigkeit, die jeder einzelne Mensch besitzt und auch anwenden kann. Es gibt bestimmte Voraussetzungen, die nicht nur das Erleben des Flows wahrscheinlicher machen, sondern es auch noch verstärken. Hierdurch kommt es zu mehr Zufriedenheit im Leben und man ist häufiger glücklich. Man ist nicht von der Arbeit, die man fast jeden Tag vollbringen muss, belastet, sondern kann sie genießen, während die Zeit im Flug vergeht und man sich fast unbemerkt schon wieder dem nächsten Urlaub nähert. Viele Menschen erleben Stress vor allem auf der Arbeit, aber durch das Flow-Ereignis kann man diesen oft abwenden.

Man sollte sich jedoch auch nicht zu viel Druck machen, denn hierdurch wird das Flow-Erlebnis gestört, und sich stattdessen bewusst machen, dass es immer mal wieder Tage geben wird, an denen man nicht in den Flow kommt, was auch vollkommen natürlich ist. Stressige und unzufriedene Momente wird jeder Mensch in seinem Leben haben, denn das ist für uns Menschen durchaus normal und Teil des Lebens. Ein Vorteil hiervon ist, dass wir dadurch die Glücksmomente noch mehr wertschätzen, genau wie den Flow, sowie unser Leben normal führen können.

Stressige Situationen an sich sind nicht direkt ein Grund zur Sorge, steht man jedoch dauerhaft unter Strom, kann sich dies sehr schnell sehr schlecht auf die Gesundheit auswirken. Vor allem deshalb sind der Flow und die hiermit verbundenen Glückshormone von so großer Bedeutung. Sie vereinfachen uns nicht nur das Leben und gestalten es angenehmer, sondern sie verbessern auch noch zusätzlich unsere Gesundheit und mindern die Anfälligkeit für gewisse Krankheiten. Unsere soziale Kompetenz steigt und wir können mehr von unseren Mitmenschen lernen und mit ihnen erleben, was uns neue Erfahrungen ermöglicht und unser Leben so lebenswert macht.

Deshalb gibt es eine deutlich entschiedene Antwort auf die Frage, ob man den Bedingungen, die der Flow erfordert, nachgehen soll, oder auch nicht, denn nicht nur auf der Arbeit, sondern auch in unserer Freizeit, beim Sport, auf langen Autofahrten und bei unseren Liebsten macht er uns glücklicher. Der Flow stellt einen wichtigen Teil der Antwort, wie ein Mensch glücklich werden kann, dar, mit der sich individuelle Menschen und auch Wissenschaftler sowie Psychologen seit Jahrzehnten beschäftigen.

Wenn also auch Sie in den Genuss des Flow-Erlebnisses kommen möchten, ist nur zu empfehlen, dass Sie sich damit beschäftigen, was Sie wirklich interessiert und ob es in Ihrem Leben zu viele Routinen gibt, die Sie vom Flow abhalten könnten. Versuchen Sie, sich auf Ihre Tätigkeiten zu konzentrieren, sie zu genießen und so den Flow zu erleben.

Herstellung und Verlag:
BoD – Books on Demand, Norderstedt
ISBN: 9783754336502

1. Auflage
Kontakt: Psiana eCom UG/ Berumer Str. 44/ 26844 Jemgum
Covergestaltung: Fenna Larsson
Coverfoto: depositphotos.com